LETTRE
De M. D. D. D. M.

A M. ***

Servant de réponse aux érreurs & aux indécences du Sieur d'Açarq, Maître de Pension à Paris, insérées dans l'Année Littéraire de M. Fréron, 1756. tom. V. pag. 244 & suivantes, au sujet de la *Nouvelle Méthode Latine*, de M. DE LAUNAY.

Servés-vous promptement de toutes les forces de la vérité pour confondre l'erreur, & n'attendés pas qu'elle ait infecté le Public, de son air contagieux.
Virg.

A PARIS,

Chés AUMONT, Libraire, au Pavillon des quatre Nations, près la porte du Collége.

1756.

LETTRE
DE M. D. D. M.
A M. ***

Au sujet de la Nouvelle Méthode Latine de M. DE LAUNAY, & des érreurs du sieur d'Açarq sur cet Ouvrage.

VOUS savés, Monsieur, ce que j'eus l'honneur de vous dire il y a quelque rems de la *Nouvelle Méthode Latine* de M. de Launay, en 4 vol. in-8°. proposée par souscription, & dont il ne paroît encore que le premier volume. Cet Ouvrage me plut infiniment à la premiere vue ; j'en portai le jugement le plus favorable. Je pensois dès-lors que la *Nouvelle Méthode*, ne pouvoit manquer d'être bien reçue, & je le pense encore aujourd'hui. M. l'Abbé de Villefroy & M. de Passe, en ont porté avant moi le même jugement.

Je vous avoue cependant, que la maniere adroitement déstructive dont le sieur d'Açarq, Maître de Pension à Paris, présente cet Ouvrage au Public dans l'année *Littéraire* 1756. tom. V. p. 244. eut été très-capable de ruiner la bonne opinon que j'avois de la *Nou-*

A

velle Méthode, si je ne suspectois tout ce qui vient de ce Tribunal. Le sieur d'Açarq y fait des imputations si grossieres à M. de Launay ; il lui fait tenir des discours si ridicules, que j'eus d'abord quelque dépit de m'être si lourdement trompé. Je n'avois garde d'un autre côté, de soupçonner le sieur d'Açarq de fausses imputations : d'Açarq sur-tout Maître de Pension, état qui exige de celui qui l'embrasse, de ne se montrer au Public, que dans un point de vue capable d'attirer sa confiance.

Je me porte difficilement à supposer de la mauvaise foi dans les autres, mais mon amour propre étoit bléssé ; mon goût si l'on veut pour l'institution de la jeunesse, me faisoit regarder la *Nouvelle Méthode* comme un Livre très-utile. J'avois peine d'ailleurs à me faire à quelques bouffonneries lâchées par le sieur d'Açarq, qui me parurent aussi singulieres en elles-mêmes, que déplacées dans la bouche d'un homme de sa profession. Je voulus voir, si les applications qu'il faisoit, avoient quelques fondemens solides, si elles pouvoient anéantir la *Nouvelle Méthode*, ou si elles devoient tourner à la confusion du Critique.

Toutes ces raisons m'ont engagé à faire un éxamen sérieux de l'Ouvrage de M. de Launay, & à confronter les citations du sieur d'Açarq sur le texte. Cet article m'a coûté d'autant plus, que l'adroit Maître de Pension ne cite point les pages d'où il les a tirées. Une telle conduite qui ne tend qu'à dégoûter tout Examinateur, m'a d'abord paru très-suspecte. Ceux qui ont des vues droites, en usent avec plus de franchise.

J'abandonnerai au sieur d'Açarq le ton scientifique qu'il étale d'abord, dont il veut enrichir le public aux dépends de la Méthode de Port-Royal, & qu'il voudroit faire valoir au profit de son amour propre, en prenant un ton philosophique. Enfin, il a voulu faire

(3)

le Docteur ; pendant qu'il ne falloit être que vrai.

Après 14 pages d'un dialogue tout-à-fait étranger à la *Nouvelle Méthode*, il commence par faire à M. de Launay (page 257 ,) une mauvaise chicane sur ce qu'il dit dans sa Préface (page xxxiij.) ,, Quand on trouve un Verbe à l'infinitif, il y est, ou ,, parce qu'il est précédé d'un autre verbe , selon la rè- ,, gle, *volo legere* ou sous entendu, comme *cœpi, cœpit, ,, cœperunt,* ou enfin il y est après un *Que retranché.* ,,

Le sieur d'Açarq oppose à M. de Launay ce demi vers de Perse : *scire tuum nihil est.* Il n'auroit pas dû opposer un *infinitif substantifié,* ou qui fait la fonction par lui-même de toutes les modifications du *substantif,* à un *infinitif* proprement dit, qui ne peut en recevoir aucune.

Le sieur d'Açarq rend ainsi ces mots , *scire tuum nihil est. Votre savoir est égal à zéro.* Par cette traduction peu sensée , le sieur d'Açarq commence d'abord, par décéler la foiblesse de son érudition : on ne doit pas s'étonner après, que le fond de son raisonnement s'en ressente. Cette maniere d'instruire n'est pas fort édifiante.

Le sieur d'Açarq abuse des termes de M. de Launay. Ce dernier dit dans son *Avertissement* page 11. ,, qu'il ,, n'a pas suppléé les Ellipses en Latin pour éviter la ,, confusion & ne pas gâter les yeux d'un Commençant. ,, *Il ajoûte* : on dira qu'en faisant travailler ce Commen- ,, çant on est obligé , pour l'instruire à fonds , de lui ,, dire les mots sous-entendus, j'en conviendrai . . . . . ,, mais, *continue M. de Launay,* il ne faut jamais écrire ,, des mots Latins , parmi ceux de l'Auteur dans un ,, semblable Ouvrage. *Il en donne la raison suivante.* Ce ,, qui est dit de vive voix , ne fait pas grande impression ; ,, mais ce qui est écrit, reste dans la tête d'un Commençant ,, & se grave bien plus profondément dans sa mémoire, ,, que ce qui n'est dit qu'en passant. Ce qu'il voit sur

,, le papier , lui forme un tableau qui se présente sans cesse
,, à son imagination. Ce mélange de mots lui imprime
,, un mauvais Latin, dont il ne peut plus se débarasser.

Ce raisonnement de M. de Launay, n'offre rien, je
pense, que de très-judicieux. C'est cependant ce même
me raisonnement qui fournit au sieur d'Açarq, les traits
les plus victorieux contre la *Nouvelle Méthode*. Il faut
l'entendre lui-même (*Ann. Litt.* ibid. p. 262,) *impri-*
més , (les mots Latins, ou Ellipses remplies,) dit le
Censeur, *ils épargneroient beaucoup d'inquiétudes à l'E-*
léve. Le Maître les lui indique de vive voix : *beaucoup*
de peine au Maître. Notre Censeur voudroit sans doute
que le Maître fût comme un Automate , vis-à-vis de son
Eleve ; la chose seroit commode, *& ne causeroit , selon lui,*
aucun inconvénient. Je prouverai le contraire au sieur d'A-
çarq. Sur ce que M. de Launay dit qu'il n'a pas rempli les
Ellipses en Latin , *de peur de gâter les yeux d'un Com-*
mençant , le sieur d'Açarq demande : *ce supplément quand*
il est verbal, gâte-t-il les oreilles ? Quel rapport ! Quoi
notre plaisant ignoreroit-il la différence qu'il y a entre
voir continuellement un objet dangereux, & en entendre seulement parler ? M. du Marsais *écrit les mots sous-*
entendus , & il vaut mieux les écrire avec lui. Voilà le
grand cheval de bataille du sieur d'Açarq.

M. du Marsais l'a dit, donc , &c. *Mais dira-t-on,*
ajoute-t-il, p. 263. *n'y a-t-il pas de danger qu'on ne se*
familiarise avec un Latin sans Ellipse & sans inversion, &
non Latin conséquemment ? Le texte pur que M. du Mar-
sais met toujours en perspective (se répond-il à lui-même
dogmatiquement,) rassure contre tout ce qu'il y auroit à
craindre.

M. de Launay ne donne-t-il pas aussi le texte pur ?
Il le met au bas du même texte construit, expliqué ,
& sans mauvais Latin : il n'y a pas de différence, à
l'égard du texte pur entre les deux Méthodistes. Pour-

quoi donc alléguer ici *M. du Marsais*; sans faire mention de *M. de Launay?* avouons que le sieur d'Açarq est un homme de bien bonne foi. Notre Censeur ajoûte : *Que se propose-t-on soit en lisant, soit en écrivant ? n'est-ce pas de faire rester dans la tête soit ce qu'on dit, soit ce qu'on écrit? Or les choses apprises, ne sont-ce pas les choses restées dans la tête?* Ces paroles sont assés spécieuses; mais ce n'est que pour les ignorans. *O quanta species, cerebrum non habet.* Je crois que le sieur d'Açarq ne distingueroit pas les échafauts qui sont autour du Louvre, d'avec le Louvre même. Il confond les moyens que l'on emploie pour parvenir à une fin, avec la fin même : les moyens avec leur résultat. *Les choses apprises*, considérées en tant *qu'apprises*, ne sont autre chose, que LE RESULTAT DE L'OPERATION DU JUGEMENT, SUR LES PRINCIPES PRO-POSE'S A L'ESPRIT, COMME MOYENS D'APPRENDRE CES *choses*, DE PARVENIR A LA CONNOISSANCE DE CES *cho-ses.* Peut-être que le sieur d'Açarq n'entendra pas cette définition, je vais éssayer de la lui faire comprendre.

Si *les choses apprises, sont les choses restées dans la tête*, je pourrai rendre un Perroquet fort savant, parce que je pourrai lui mettre *dans la tête* bien *des mots qui y resteront*, qui deviendront à l'égard du Perroquet *des cho-ses apprises*, des sciences en un mot, selon le sieur d'A-çarq. Si *les choses apprises, sont les choses restées dans la tête*, je serai bien fondé à dire, que le sieur d'Açarq est un ignorant, en fait de Latin; parce qu'il n'a re-tenu, ni les thêmes, ni les versions qu'il a faites, ni les leçons qu'il a apprises autrefois. Faut-il donc dire, d'a-près les principes hazardés du Censeur, qu'un Perro-quet est savant, que le sieur d'Açarq est ignorant? Ni l'un ni l'autre : en voici la raison : c'est qu'il ne s'est point formé de résultat *dans la tête* du Perroquet, & que probablement, il s'en est formé *dans la tête* du sieur d'Açarq. Comment s'est-il formé ? PAR L'OPERATION

A iij

DE SON JUGEMENT, SUR LES PRINCIPES PROPOSE'S A SON ESPRIT.

Difons donc que le fieur d'Açarq n'a pas entendu, ce qu'il difoit, en définiffant *les chofes apprifes, des chofes reftées dans la tête.* Bonne définition certes & très-digne de l'année littéraire ! me difoit l'autre jour une perfonne qui a fçu faifir le caractère de cet Ouvrage.

Le fieur d'Açarq reléve l'éxplication que M. de Launay donne des mots Latins, qui fe trouvent dans le texte pur. Il prétend qu'elle eft furabondante. Il choifit celui de *Limus, limon* : que M. de Launay rend, comme tous nos Dictionnaires par ces mots, *Le limon, la boue, la bourbe. Une jupe, un jupon, un cotillon,* dans le petit Dictionaire qu'il a placé très-judicieufement, au verfo de fa Méthode. Je conviens ici, que ces deux différentes fignifications font très - oppofées : mais ce n'eft point la faute de M. de Launay, il n'a pas compofé la Langue Latine, & fi c'eft un défaut, on ne doit pas le lui imputer. Ecoutons cependant à ce fujet, notre Cenfeur. *Qu'a de commun,* dit-il, *le limon d'un terrain marécageux, avec un cotillon, une jupe un jupon ?* Le fieur d'Açarq eft un mauvais Logicien ; il falloit dire : *Qu'a de commun un cotillon, une jupe, un jupon, avec le limon d'un terrain marécageux ?* C'eft du *limon* qu'il eft ici queftion, c'eft le *limon* qu'il falloit garder. Notre Ariftarque continue : *M. de Launay ne craint il pas que les femmes auxquelles il fe flatte d'infpirer le goût mâle de la Langue Latine, ne fe préviennent contre cette Langue, en voyant que le même mot Latin fignifie* mauffadement & fans aucun égard : *la boue, la jupe, le jupon, le cotillon.* Non, M. de Launay ne le craint point, & perfonne ne le craindra que le Cenfeur.

On a pû jufqu'ici s'appercevoir, que je ne m'arrête point au ftile du Critique, & que je ne m'attache qu'aux penfées. Il faut être, je l'avoue, réduit à une grande éxtrémité, pour n'avoir à produire ici qu'une chofe auffi ridicule. Je ne m'aviferai pas comme lui, d'improuver cette attention de l'Auteur, ce feroit blâmer dans fon ouvrage une perfection. Car de quoi s'agit-il dans cette Méthode, n'eft-ce pas d'enfeigner le Latin ? Or, fi ce mot *Limus* a deux fignifications, n'eft-il pas plus régulier & plus exact, de les donner toutes deux, que de n'en mettre qu'une feule ? Ce que le fieur d'Açarq appelle furabondance, eft donc très-néceffaire : c'eft une nouvelle fémence jettée dans l'imagination de l'Eléve qui produira fon fruit en fon tems : elle étend fes connoiffances, elle le prépare à de nouveaux objets : enfin elle lui donne l'intelligence parfaite des différentes fignifications du mot, dont il doit faire ufage dans la fuite. D'ailleurs, fi ce principe étoit mauvais en lui-même, fi cette furabondance étoit dangereufe pour les Commençans, il faudroit donc bruler nos Dictionnaires Latins & François, puifque tous mettent la même chofe ?

Le fieur d'Açarq a conftamment trop fuivi en ce point, fa pente naturelle, je veux dire fa démangeaifon de critiquer. Que M. F. lâche de pareilles futilités : c'eft fon ton favori, que certaines gens appellent fon genre d'écrire ; fur cela, le calus eft formé : mais un fage Maître de Penfion doit-il donc prendre la même licence ?

Si le fieur d'Açarq, à l'occafion de la *Nouvelle Méthode* avoit déffein de remédier aux écarts de l'*Auteur Périodique* en fait de *Grammaire*, il pouvoit lui donner l'*Extrait de la Nouvelle Méthode* tout dréffé, comme il a fait en tant d'occafions, & enfuite le laiffer en faire ufage en fon nom & à fa maniere. Il fe feroit évité plus d'un défagrément.

M. de Launay donne un *François interlinaire* fuivi. Ce *François* fait naître des *Ellipfes* dans le Latin. Il a eu le foin de les faire imprimer en lettres *Italiques*, il a laiffé des blancs au deffous des mots *François* impri-

més en mêmes caractères : mots dont la valeur ne se trouve point dans le texte pur, & qui conséquemment sont
Elliptiques à l'égard du Latin ; afin que l'Eléve ne con-
fondît point la valeur des mots François avec celle des
mots Latins. Il n'a pas plû au sieur d'Açarq de faire
mention de cette attention particuliere de l'Auteur de
la *Nouvelle Méthode*. Il cite à ce sujet (ibid. p. 261,) en
lettres toutes *Italiques*, ce passage de la *Nouvelle Méthode*.

Alors ce Dieu leur répondit au contraire. Au-dessous du-
quel il met, (& sans aucun caractère Romain,) cette
phrase de la maniere qui suit.

Alors ce Dieu leur répondit au contraire.

Tunc Deus contrà.

De-là, il tire cette conséquence dont je ne garentis pas
la bonne foi : *ou l'Eléve de M. de Launay*, dit-il, *croira
que le mot, Deus, signifie toujours ce Dieu, & que le mot,
contrà signifie toujours, leur répondit au contraire, ce qui le
jetteroit dans une erreur très-préjudiciable, &c.* L'imputation
est grave : mais il suffit pour y répondre de mettre ici
le texte de M. de Launay, tel qu'il l'a fait imprimer,
pag. 41 de sa *Méthode* :

Alors *ce Dieu* leur *répondit* au contraire.

Tunc Deus contrà.

Si le sieur d'Açarq avoit fait imprimer ces deux lignes
ainsi, auroit-il osé avancer, que l'Eléve pouvoit être
induit en erreur ? Mais il a voulu le dire, & il a tout ha-
zardé pour le pouvoir faire en sureté. Il faut je l'avoue
avoir bien peu de pudeur, pour oser en imposer au Public si grossierement ! Rien ne prouve davantage le peu
d'éducation que l'on a reçu, que le défaut des principes les plus communs, & par conséquent l'impossibi-
lité où l'on se trouve, de les inculquer à la jeunesse
qu'on prétend élever.

Je suis fâché d'avoir ce reproche à faire au Censeur ;
je conviens qu'il est dur ; mais est-ce ma faute ? Il ne

peut s'en prendre qu'à lui-même : que ne mettoit-il plus de bonne foi dans son procédé ? Le sieur d'Açarq ignore que la candeur doit tenir le premier rang dans la république des Lettres. Les vrais Savans ne connoissent entre eux que la vérité. Si quelques écrivains en usent autrement, on doit les plaindre d'avoir recours à des voies si déshonnorantes.

Voyons présentement de quelle maniere notre savant critique fait remplir les *Ellipses* en Latin. Il en fait l'essai sur ce passage (Ann. Litt. p. 264.)

FABULA NONA.

Ne insultes miseris.

Passer & Lepus.

Ostendamus paucis versibus esse stultum dare consilium aliis & non cavere sibi.

On peut remarquer en passant que le sieur d'Açarq auroit fait chose très-prudente, s'il avoit médité ces deux dernieres lignes, avant que de rendre sa Lettre publique contre la *Nouvelle Méthode*, je vais les lui expliquer en substance. ,, Il n'appartient qu'à un fou, de repren- ,, dre les autres, & de ne pas prendre garde à soi. ,,

Le sieur d'Açarq prétend que la construction de M. de Launay, *fourmille de fautes,* 1°. *Parce qu'elle n'est pas plei- ne*, c'est-à-dire, parce que les Ellipses ne font pas remplies. Je n'ai besoin ici que de cet objet. *Il y a*, dit-il, *trois sujets de proposition sans attributs, Fabula, Passer, Lepus.* Et moi je dis qu'il y a trois absurdités, dans ce peu de mots. Le Critique auroit dû sçavoir, qu'on ne connoît point comme *termes de Grammaire*, ni *sujet*, ni *proposi- tion*, ni *attribut*, que tout cela est volé à la *Logique*. Croyés-moi, M. d'Açarq, n'écrivés jamais de pareils mots en tant que Grammairien, pour faire d'un simple *nominatif* une *proposition*.

En fait de *Grammaire*, on connoît le *Nom* & le *Verbe*. Le *Nom* & le *Verbe* sont également désignés par le ter-

me de *Mot*. Les *Mots* font des fignes : de quoi ? des penfées. Confidérer les *Mots* en tant que fignes des penfées,
voilà le *Nec plus ultrà* du *Grammairien*. Entrer dans les
penfées, c'eft éxcéder les fonctions de la place. Je par-
le de celle du fieur d'Açarq.

Si donc ce Cenfeur avoit dit : ,, Il y a trois *Nominatifs*
qui ne font point foutenus de *Verbes*, il n'y auroit point
eu lieu à l'Adage, *Ne futor ultra crepidam*. Il auroit parlé
en homme de l'art, parce que le *Nom* ne peut fe trouver dans aucun de fes cas, fans un *Verbe* éxprimé ou
fous entendu, qui lui affigne fa place, & qu'en un mot,
le *Nom* ne peut fe foutenir de lui - même nulle part.

Le fieur d'Açarq fait bien, ou doit favoir, que fi les
Grammairiens empruntent quelques termes de la *Logique*, ce n'eft qu'improprement & abufivement. On n'a-
voit pas befoin ici de tout cet appareil, qui n'eft propre
qu'à en impofer à l'ignorance, & à fatisfaire la vanité
du *Grammairien*. Il faut croire que fans cette paffion des
petites ames, il fe feroit expliqué d'une maniere plus
fimple, & dès-là plus intelligible.

Il prétend que *Fabula nona* ne peut pas fubfifter feul
par écrit. Je confidére par abftraction ces deux *Noms*
comme n'en faifant qu'un. Ce *Nom* eft au *Nominatif*, il
lui faut un *Verbe* qui l'y foutienne, ou qui prouve que
ce *Nom* doit être au *Nominatif*. Il n'y en a point d'autre
que le Verbe *eft* : & notre Cenfeur l'a trouvé : quelle dé-
couverte ! Il veut qu'on l'écrive ; & il l'écrit en effet,
tout épris qu'il eft de l'avoir trouvé dans M. du Marfais.

FABULA NONA *eft*.

Je foutiens au contraire qu'il faut bien fe garder d'écrire
ce mot, *eft*, & en voici *le pourquoi*: je me fers de fes termes.

Eft ne fait ici que la fonction de figne indicatif du
cas où doit être *Fabula*, & non celle de *mot* ni de *pen-
fée*. S'il étoit *écrit*, je veux dire, *imprimé*, il tromperoit
mon Eleve, qui le prendroit auffi-tôt, pour un mot figne

d'une pensée, & traduiroit sur le champ : *La Fable neu-viéme est*. Qui dit *est*, dit *éxiste*. Ce mot *est*, deviendroit dans son ésprit une affirmation, fonction ordinaire primitive & unique du *Verbe* dans le discours, & il seroit fort ridicule à ses yeux, qu'on affirmât l'éxistence d'une chose qu'il verroit. Il n'y a point d'Ecolier qui ne se moquât de son Maître, ou de fait ou de pensée, s'il venoit à sentir la frivolité de l'affirmation : & j'oserois dire qu'il seroit fort à désirer dans un Eléve, qu'il la sentît. Cette scêne cependant, seroit assés plaisante. Le sieur d'Açarq n'a pas prévu tous ces inconvéniens.

On ne doit donc pas écrire sans raison, les mots dont on a besoin sous prétexte de faciliter à un Eléve l'intelligence d'un Texte. Bien loin qu'il soit nécessaire, qu'ils *restent dans sa tête*, on doit au contraire, faire en sorte, qu'ils n'y passent que momentanément & pour le besoin.

Je remarquerai qu'il seroit aussi fatiguant pour le Maître que pour l'Ecolier, d'avoir à revenir à chaque titre de Fables ou de Chapitres, de quelque Auteur que ce soit, à une éxplication périodique de la même chose. Ne seroit-ce pas mettre dans des fonctions qui éxigent le plus de variété, le retour le plus insipide & le plus ennuyeux? Le sieur d'Açarq assurément, n'a pas une notion assés éxacte de ce qui peut plaire ou déplaire à l'ésprit humain, de ce qui est capable d'attacher, ou de dégouter celui de la Jeunesse. Et le sieur d'Açarq a *des vues philosophiques?* Cette assértion de l'*Auteur Périodique* est singuliere !

Ne insultes miseris.

Le sieur d'Açarq veut que l'on supplée dans cette phrase en cette maniere, *Opus est Ne insultes, &c.* Il n'y a que trois fautes éssentielles dans ces quatre mots. 1°. Contre le *sens* de l'Auteur. 2°. Contre la *Logique*. 3°. Contre la *Grammaire*.

1°. Contre le *sens* de l'Auteur. Il donne ici un précepte. *Ne insultes, N'insultés pas.* Point de modification à

cet égard. L'*Opus est* qu'il plaît au sieur d'Açarq de mettre au - devant , travestit le précepte en simple conseil. *Il est besoin que vous n'insultiés pas.* Cette expres-
sion *il est besoin*, équivaut dans le discours ordinaire à cel-
le-ci : *il est bon.* Il y a bien des choses qu'il est besoin,
qu'*il est bon* de faire , & dont on peut se dispenser sans
risque. Je reprens mon Texte, & je dis que l'Auteur en-
tend qu'*il ne faut jamais insulter aux malheureux* , parce
qu'il y a de la cruauté, de la lâcheté à le faire, parce qu'à
parler humainement , les malheurs arrivent souvent
sans qu'il y ait de notre faute , & parce que notre nature
n'y est que trop sujette. La premiere raison que j'appor-
te , fait voir que quiconque insulte, est cruel & lâche.
La seconde, prouve son peu de bon sens. La troisiéme,
le rend méprisable , &c. Telles sont les vûes que l'on
peut développer à l'Eléve , comme en passant : on lui
forme l'âme sans qu'il paroisse qu'on pense à la lui former. L'*Opus est* du sieur d'Açarq n'est propre à aucun de
ces objets : donc il n'est point décisif.

On me permettra ici une petite digression. Le Malheureux différe du Menteur , en ce qu'on ne doit jamais
insulter à celui-là , & que l'on doit toujours insulter à
celui-ci : parce qu'il n'y a rien de si bas, de si vil , de si
méprisable que le Mensonge , sur-tout lorsqu'on l'emploie publiquement par écrit, & à tête reposée. Je m'arrête tout court : je ne veux pas laisser soupçonner le nom
de l'Ecolier, que je prend la peine d'instruire.

2°. Contre la *Logique*. La négation dans cette *Proposition* doit tout envelopper , ici elle ne tombe que sur le
second *terme* , tandis qu'elle doit tomber sur le premier ,
qui me paroît devoir être, non pas , *Opus est* ; mais ,
Oportet , il faut. Si je dis, par exemple : *Il est besoin de ne
pas prendre le sieur d'Açarq , pour un habile homme ,* cette
Proposition est louche ; je m'exprime mal , parce que la
négation ne tombe pas sur le premier *terme.* Si je dis , *il*

n'*eſt pas beſoin de prendre Monſieur D. pour un habile hom-*
me, la *Propoſition* devient foible, ſans énérgie ; elle donne atteinte à ma penſée, & je manque mon but. Si je
dis au contraire : *il ne faut pas prendre M. d'Açarq pour*
un habile homme , cette *Propoſition* eſt claire & préciſe.
Celle qui ſuit ſans négation éxpreſſe a encore plus de
force. *Il faut bien ſe garder de prendre M. d'Açarq pour un*
habile homme. On ſent que je veux dire, qu'il y auroit
quelque riſque à le regarder comme tel, *Ne exiſtimes.*
C'eſt là le vrai ſens de la penſée de *Phéäre : Ne inſultes.*

3°. Contre la *Grammaire. Opus eſt ne* , &c. Quel jar-
gon ! Eſt-ce bien là du Latin ? Quoi pour apprendre la
Langue Latine, on eſt obligé de l'éſtropier, de raiſonner
tout de travers ? Pour faire rentrer ſuivant le génie de la
Langue Latine, le *Ne inſultes* dans ſon enclave naturelle,
ſi l'on peut ainſi parler ; je dirai , non comme le ſieur
d'Açarq, *Opus eſt ne* , mais ; *Oportet ut caveas ne inſul-*
tes , &c.

Oportet ut   caveas   ne   inſultes , &c.
Il faut que vous preniés garde, afin que vous n'inſultiés,&c.
      „ Prenés garde d'inſulter , &c.
        N'inſultés pas , &c.

Au moyen de cette explication graduelle, faite de
vive voix à un Eléve, & jamais par écrit, il pénétrera
ſans peine le ſens de ſon Auteur. Il apprendra à penſer ,
il s'accoutumera à parler avec juſteſſe, & il ſe mettra au
fait du génie de la Langue qu'il apprend. Au lieu qu'avec
l'*Opus eſt* , du ſieur d'Açarq , il faut nécéſſairement qu'il
tourne le dos à tous ces objets. Je paſſe ſur l'*hominibus*
miſeris , qui , après tout ce que j'ai dit , ne mérite aucune
attention.

P A S S E R E T L E P U S.

Le ſieur d'Açarq veut que l'on imprime : *PASSER*
agitur ET LEPUS agitur. Il fait encore ici le Docteur
en pure perte. Il a tiré ce mot *agitur* , de l'éxpréſſion

Latine : *agere personam alicujus*, jouer le rôle, réprésenter
la personne de quelqu'un , terme de Théâtre. Ainsi l'on
dit d'un Comédien qui joue le rôle de *César* , d'*Aléxandre* : il réprésente *César* , *Aléxandre*. Le mot *agere* en ce
sens, rappelle à l'ésprit l'idée du réprésentant comme celle
du réprésenté. Qu'est-ce que signifie ici cet *agitur?* Quoi?
le Moineau est réprésenté ? Le Liévre est réprésenté ? Ne
sont-ce pas au contraire , *le Moineau & le Liévre qui
réprésentent ? Lepus agitur* , signifie encore : *Le Liévre est
chassé.* On dit , *Senatus agitur* , *le Sénat est assemblé. Consilium agitur* , *On tient Conseil* , &c. Le sieur d'Açarq n'est
pas heureux dans l'art de suppléér les éllipses , on
voit au contraire , qu'il y réussit très-mal. Il n'est pas
question de raisonner sur la nature de l'action du *Moineau* , du *Liévre :* c'est employer le temps inutilement.
Mon but est d'éxpliquer *Phédre* , & je n'ai besoin , non
plus que pour *Fabula* , que d'un signe indicatif du cas ,
où est le mot *Passer* , où est le mot *Lepus.* Ce signe , qui
ne sera , ni écrit , ni imprimé ; mais indiqué de vive
voix à l'Eléve , est encore le Verbe *est.* Il est le seul qui
puisse faire ici la fonction de signe indicatif.

*Ostendamus paucis versibus esse stultum dare consilium
aliis & non cavere sibi.*

LE LUMINEUX d'Açarq prétend que la construction
n'est pas bien ordonnée , en ce que *dare consilium & non
cavere sibi , sont les deux termes de l'action de montrer , termes qu'il falloit* , dit-il , (toujours gonflé de Logique)
placer après versibus. La chose est-elle bien décidée ? Je
crois que la construction est également bonne des deux
manieres. On arrive également au but. M. de Launay
a fort bien traduit. *Il est ridicule de donner des avis aux
autres , lorsqu'on ne prend pas garde à soi.* Mais je n'im-
prouverai pas que M. d'Açarq se dise à lui - même :
„ *Donner des avis aux autres hommes , & ne pas prendre*
„ *garde à soi , est une entreprise folle.* Il ne sauroit trop

réfléchir fur cette fage maxime.

Oftendamus.

Notre Cenfeur eft fi régulier, qu'il va jufqu'à faire des crimes à M. de Launay, des fautes d'impréffion. Il a vu au-deffus du mot, *Oftendamus, nous montrons.* Il eft vrai que le mot, *nous,* eft de trop, il n'y a qu'à paffer un trait de plume deffus, & tout fera dit.

D'ailleurs, l'ouvrage entier eft fi éxact, qu'il eft bien facile de voir que M. de Launay n'a pas pu faire cette faute, & qu'elle eft échappée à l'impréffion.

On a vu clairement par ce qui précéde, que la fcience de notre Cenfeur n'eft pas bien profonde, que fa bonne foi n'éclate pas, & fur-tout, que *la Sintaxe n'eft point fa partie brillante,* pour me fervir des termes pro-pres de fa Lettre, page 256 : cependant écoutons ce que dit M. Fréron dans le Préliminaire de cette même Let-tre. L'étalage en eft des plus pompeux, & forme une piéce très curieufe. Ann. Litt. tom. V. p. 244 & 245.

M. du Marfais, dit l'Auteur Périodique, *a laiffé deux ou trois Eléves qui ont hérité de fon génie vraiment philofo-phique. Le premier de ces Eléves, eft fans contredit M. d'Açarq, qu'un travail affidu de fix années fous ce grand Maître, une expérience perfonnelle de vingt ans, l'activité, le zéle, les mœurs, la Religion, la douceur & la patience, mettent en état de former la jeuneffe avec le fuccès le plus complet. M. d'Açarq a connu de bonne heure fon talent, & s'eft toujours attaché à le perfectionner, fans partage, fans diverfion. La connoiffance des Langues Françoife, Latine, Italienne, & Efpagnole : non la connoiffance méchanique & matérielle, pour ainfi dire, mais la connoiffance réfléchie & raifonnée, mais la plus profonde théorie, jointe à la pratique la plus heureufe ; mais le goût le plus fur en fait d'éloquen-ce & de Poëfie. Voilà ce qui met M. d'Açarq fort au-deffus des Inftituteurs vulgaires. Je vais vous juftifier cet éloge, Monfieur, en vous communiquant UNE LETTRE LUMINEU-*

se, qu'il vient de m'écrire sur un ouvrage de sa compétence.

Je ne puis finir par un endroit plus brillant, & qui prouve davantage, le discérnement fin & délicat du Journaliste. *Je suis, &c.*

A Paris le 15. Décembre 1756.

P. S. Dès que la Lettre du Sieur d'Açarq parut, plusieurs personnes éclairées en furent fort mécontentes. Les insultes qu'elle contient, leur parurent très-déplacées. Une personne inconnue à M. de Launay, vint le trouver, lui montra une Lettre pour défendre sa Méthode contre les attaques du Critique. M. de Launay dit qu'il ne falloit pas donner cette Lettre, contre le Sieur d'Açarq, sans quelques adoucissemens, quoiqu'il eut cherché à l'insulter. Qu'il n'étoit pas nécéssaire aussi de 75. pages pour un objet si mince, dont plus des trois quarts ne formoient contre M. Fréron, qu'une critique remplie de fiel & d'aigreur. De plus, que toutes ces personnalités & ces discussions polémiques, étoient étrangeres à son objet, qui étoit uniquement la réfutation des faits hazardés par ce Critique.

M. de Launay s'est donc servi des matériaux de la Lettre, il en a corrigé & retranché beaucoup d'endroits, en a substitué d'autres, & a dit, qu'à cette condition, il vouloit bien qu'elle parût. Qu'il avoit des vûes moins étendues pour sa réponse, qu'on pouvoit également parvenir au même but par différens moyens.

Un partisan de la *Nouvelle Méthode*, impatient de ce qu'il ne paroissoit point de réponse, ayant eu communication de cette Lettre corrigée, s'en est rendu l'Editeur.

L'Auteur de la premiere, (composée pour la défense de M. de Launay, s'étant cru offensé de ce qu'on avoit osé y touchér) a poussé son ressentiment jusqu'aux menaces. Il a promis de donner la même Lettre, mais avec des traits contre la *Nouvelle Méthode*. On attend l'effet de ces menaces, avec une parfaite tranquillité, bien résolu néanmoins, de n'y pas répondre.

Vu l'Approbation, permis d'imprimer à la charge d'enregistrement à la Chambre Syndicale, ce 21. Décembre 1756. BERRYER.

Registré sur le Livre de la Communauté des Libraires & Imprimeurs de Paris, N°. 3700. conformément aux Réglemens, & notamment à l'Arrêt du Conseil du 10. Juillet 1745. A Paris, le 24. Décembre 1756.

P. G. LE MERCIER, Syndic.

De l'Imprimerie d'ANTOINE BOUDET,
Imprimeur du Roi.

www.ingramcontent.com/pod-product-compliance
Lightning Source LLC
LaVergne TN
LVHW050242030726
842520LV00006B/2147